El Guardián de las Almas

El Guardián de las Almas

ALDIVAN TORRES

aldivan teixeira torres

CONTENTS

1   1

El Guardián de las Almas
 Aldivan Teixeira Torres
El guardián de las almas

Autor: Aldivan Teixeira Torres
© 2018-Aldivan Teixeira Torres
Reservados todos los derechos

Este libro electrónico, incluidas todas sus partes, está protegido por derechos de autor y no puede reproducirse, revenderse o descargarse sin el permiso del autor.

Aldivan Teixeira Torres es un escritor consolidado en varios géneros. Hasta la fecha tiene títulos publicados en nueve idiomas. Desde temprana edad, siempre fue un amante del arte de escribir habiendo consolidado una carrera profesional desde el segundo semestre de 2013. Espera con sus escritos contribuir a la cultura brasileña, despertando el placer de la lectura en quienes lo hacen. Aún no tengo el hábito. Tu misión es ganar los corazones de cada uno de tus lectores. Además de la literatura, sus principales gustos son la música, los viajes, los amigos, la familia y el placer de vivir. "Por la literatura, la igualdad, la fraternidad, la justicia, la dignidad y el honor del ser humano siempre" es su lema.

"*María es esa torre de David, de la que el Espíritu Santo habla en los cánticos sagrados: 'Fortalezas se levantan alrededor de ella; se cuelgan mil escudos y todas las armas de los valientes "(Ct 4, 4). Eres, por tanto, la Santísima Virgen, como dice San Ignacio Mártir, 'escudo inexpugnable para los que están en combate' ".*

(San Alfonso María de Ligório)
Nuestra Señora del Pilar
Milagro de Nuestra Señora del pilar
Nuestra Señora de las Nieves
Nuestra Señora de Walshingham
Nuestra Señora del Monte Carmelo
Nuestra Señora del Monte Bérico
Nuestra Señora de Caravaggio
Nuestra Señora del Paraíso
Nuestra Señora de Guadalupe
Nuestra Señora de Kazán
Milagros después de la aparición
Nuestra Señora de Siluva
Inmaculada Concepción
Después de un rato
Oración de Loreto
Soy nuestra señora
Un mes después
Libro de apariciones de la Virgen Madre de Dios

Nuestra Señora del Pilar

Zaragoza-España-AD 40

Cuarenta años después de la muerte de Cristo, el movimiento cristiano fue cruelmente perseguido por las élites judías y muchos cristianos fueron agredidos, encarcelados e incluso asesinados. Como alternativa a esta resistencia, enviaron misioneros a otras regiones para expandir la difusión de la palabra divina.

A Santiago el Mayor se le encomendó la predicación en España, un país ubicado en el sur de Europa. Antes de partir, sin embargo, hizo una consulta con la Virgen María, considerada la madre de los apóstoles. Los dos estaban muy conectados debido a la fe y el corazón y no podían separarse sin una despedida formal.

El día y la hora combinados, exactamente en Éfeso, en la casa de la Santísima Madre, se produjo el tan esperado encuentro.

"Vine a despedirme ya pedirte consejo, madre mía", dijo St. James mientras se acercaba a la Virgen Madre.

"Mi corazón se regocija por tu visita, buen hijo. He aquí, debes mantener tu fe, estar preparado ante las dificultades, predicar la palabra con energía, fuerza y espíritu entre los paganos. Quiero que conozca mi plena confianza en su capacidad", respondió María.

"¡Gracias por las palabras, bendito! ¿Qué señal me das de que me vaya a España? Preguntó James.

"En el momento adecuado, lo verás. Mi deseo ahora es que construyas una Iglesia en mi nombre en España — Preguntaron los iluminados.

"Su solicitud será concedida. Ahora déjeme ir porque el viaje es largo", dijo James.

"Ve en la paz de Cristo, hijo", deseó María.

"Esté también en paz, mi madre", dijo James.

James inició el largo viaje a Europa. Al llegar a la tierra prometida, fue incansable en su labor apostólica. En Zaragoza, en una noche fría, se encontraba con sus discípulos cuando fue sorprendido por voces que gritaban: "¡Dios te salve, María, llena eres de gracia! Más tarde, se arrodilló ante la aparición que vio: Una multitud de Ángeles rodeó a la Santísima Madre que estaba sentada sobre una columna de mármol.

El grupo recitó un arte poderoso, emocionando a los presentes que ayudaron en la ejecución. Al final de este evento, la madre de Jesús se puso en contacto con:

"Aquí, hijo mío, está el lugar marcado y destinado a mi honor, en el que, por tu cuidado y en mi memoria, quiero que se construya una Iglesia. Mantén esta columna donde estoy sentado porque mi hijo y tu maestro lo enviaron desde el cielo por mano de ángeles. Junto a él pondrás el altar de la capilla, y en él obrarán la virtud de lo más alto los portentos y maravillas de mi intercesión con aquellos que, en sus necesidades, me piden mi patrocinio, y esta columna permanecerá aquí hasta el final. del mundo, y nunca faltarán en esta ciudad verdaderos cristianos que honren el nombre de Jesucristo, hijo mío.

—Así sea, mi madre, dijoJames.

Los ángeles arrebataron a la Señora del Cielo dejándola nuevamente en su residencia. Como se ordenó, la capilla dedicada a los ilustrados comenzó a construirse con los discípulos de Santiago como consejeros porque se trasladó hacia Jerusalén. En el camino, hizo otra visita a la santa virgen, su mejor amiga. Mientras la miraba, los dos se abrazaron y al final de esta acción comenzaron a hablar.

"¿Cómo estás, mi madre? Preguntó James.

"Mejor ahora con tu presencia, hijo del corazón. ¿Qué buenas noticias traes de España?

"Las cosas se calmaron allí. A petición suya, se está construyendo su Iglesia — St. James informó.

"Estoy encantado de que la noticia sea. Dios nuestro Señor está complacido con tu trabajo, hijo mío. Pero aún no ha terminado. He tenido malas opiniones de ti. Estoy rezando por lo mejor de ti ", le dije entristecida, María.

"¿Exactamente cómo fueron estas visiones? "Quería conocer al curioso apóstol de Jesús.

"Vi venir su muerte. Pidamos fuerza a nuestro buen Dios y aceptemos lo inevitable — profetizó María.

"¡Estoy listo! No me importa morir por mi Señor. ¿Qué vale la vida sin Jesús? Yo me respondo: ¡Nada! James respondió.

"Tengo admiración por tu valentía. Primero, quiero que sepas acerca de mi amor por ti como hijo espiritual, reveló el santo.

"Me siento de la misma manera que tú eras mi verdadera madre. La muerte no tiene el poder de separarnos y mucho menos de destruir nuestro amor — declaró James.

Conduciendo, se volvieron a abrazar y besar. En ese momento crítico de decisión, se habían abierto el corazón el uno al otro como nunca antes lo habían hecho. Eso es como dijeron. No había nada que pudiera destruir su amor fraternal.

Finalmente, despidiéndose, James continuó su viaje a Jerusalén, donde finalmente fue asesinado por sus oponentes. Se unió a los innumerables mártires hechos por el cristianismo a causa de la persecución religiosa.

Milagro de Nuestra Señora del pilar

Era el año 1637. Miguel Juan Pellicer era un joven campesino español que trabajaba en el solar de su tío en la región de Castellón. Cuando se fue a trabajar, fue golpeado por un atropello y fuga, lo que provocó la facturación de su tibia. En cuanto su tío lo encontró tirado en el suelo, lo trasladaron al hospital de la ciudad de Valencia donde contaba con un servicio de urgencias.

Su situación era grave y como en ese momento tenía pocos recursos médicos fue enviado a Zaragoza. En ese momento, su pierna derecha ya se había gangrenado y la única solución era amputarla. Pasaron varios meses y permaneció en el hospital en tratamiento. Cuando fue dado de alta, comenzó a vivir en la calle en la ciudad de Zaragoza. Diariamente participó en misas y se hizo devoto de Nuestra Señora.

Dos años después, decidió volver a casa. Su familia se alegró de verte. Sin embargo, como estaba sin pierna, no pude ayudarlos en el trabajo, lo que en cierto modo entristeció a ese joven tan lleno de vida.

Una noche recibieron a un soldado de caballería que pasaba por la zona. Le ofrecieron comida y alojamiento porque ya era de noche. El visitante se encontraba cómodo en la habitación de Miguel y el niño fue trasladado a la habitación de sus padres.

Por la mañana, cuando se despertaron, sintieron un fuerte aroma a rosas en la habitación y al desviar la mirada hacia su hijo, notaron algo completamente nuevo en él: se mostraban dos pies al final de su cuerpo. Todos gritaron de sorpresa y cuando lo desperté, vibró de alegría. Había sido sanado instantáneamente por la intercesión de Nuestra Señora de la que era devoto. La noticia se difundió por toda la región demostrando ser un verdadero milagro.

Nuestra Señora de las Nieves

Roma- Año 352 d.C.

En ese momento, una pareja exitosa que cuidaba a los dioses y sus respectivos mandamientos vivían en Roma. Por motivos de infertilidad, no pudieron tener hijos y no tenían a nadie a quien dejar su gran fortuna decidieron dársela a la Iglesia en consagración a la Santísima Virgen.

Pensando en este proyecto, una noche tuvo un sueño en el que Nuestra Señora le transmitió el siguiente mensaje:

-Construir una basílica en la colina por la mañana donde mañana caerá nieve.

Era el mes de agosto donde comúnmente en la región hacía bastante calor. Por obra milagrosa de la Virgen María, nevó cubriendo por completo el monte Esquilino de nieve. La noticia pronto se extendió por todo el mundo con la sorprendente presencia de élites cristianas visitando el sitio. De acuerdo con el deseo de la Virgen, se construyó la Iglesia dándole el nombre de "Nuestra Señora de las Nieves" debido al intrigante fenómeno climático que allí ocurría.

Nuestra Señora de Walshingham

Inglaterra- 1061 d.C.

Considerado como el santuario nacional inglés de veneración a Nuestra Señora, Walshingham presenta una hermosa historia entre las muchas relacionadas con la madre de Dios. ¿Lo comprobamos?

María santísima se apareció en sueños a Richeldis de Faverches llevándolo espiritualmente a su casa en Nazaret. En ese momento, solicitó encarecidamente la construcción de una casa similar en Walsingham. Habiendo repetido este sueño tres veces, finalmente el devoto de la virgen puso en práctica la petición.

Con dificultades para completar la obra debido a las medidas, acudió afligido al santo. Milagrosamente, apareció un santuario cerca del lugar. Luego comenzaron las misas, los encuentros apostólicos y los grupos de oración que allí se reunían. En estos momentos, se informan innumerables curas, maravillas y liberaciones.

La noticia de todos estos hechos recorrió el país trayendo al lugar numerosos peregrinos. Se erigieron capillas rumbo al santuario y actualmente quedan dos: la Capilla de Nuestra Señora del Cerro Rojo y la "Capilla de las zapatillas".

En la historia contada, hubo un momento en que se persiguió esta veneración que culminó con la destrucción de la imagen de María. Tres siglos más tarde, esta antigua tradición resurgió con el surgimiento de varios grupos que apoyaban la devoción. Como resultado, rehicieron la imagen además de reconstruir y ampliar lo que quedaba del templo.

A través de Walshingam, el nombre de nuestra señora se magnifica en Inglaterra y, en recompensa, nuestra amada madre cuida de manera excelente a sus devotos ingleses con una dulzura insondable. Cualquiera que use tu nombre no es para serrado.

Nuestra Señora del Rosario
Prouille, Francia (1208)

Era domingo. Como de costumbre, el predicador Domingos de Gusmão, un combatiente ante las herejías, estaba de rodillas rezando en la capilla de Prouille. En el momento más ferviente de la oración, he aquí, una nube desciende a su templo dejando a una bella mujer de rostros sonrosados y luminosos. Ella le dijo:

"Yo soy María. Vengo a daros el rosario, llave de la paz y la salvación humana. Además, me alegra que lo reces todos los días en honor a mi nombre. Hazlo y te prometo la caída de enemigos y herejías. Transmítele esto a los otros hermanos ".

Extendiendo las manos, entregó la pieza y sonrió. En respuesta, el devoto aseguró:

"¡Haré lo que tenga en mi poder! Tu deseo se hará realidad ".

La mujer regresó a la nube y fue elevada a lo más alto de los cielos desapareciendo de la vista de su sirviente. Domingos de Gusmão continuó su trabajo resultando en la eliminación de herejías. ¡Una vez más el corazón de María ha triunfado!

Nuestra Señora del Monte Carmelo

Aylesford, Inglaterra (1251)

Los moriscos han emprendido una fuerte persecución de los cristianos. En este contexto, los carmelitas residentes en el monte Carmelo fueron masacrados por sus enemigos. Aquellos que lograron salvarse se refugiaron en Inglaterra alrededor de 1238 d.C.

El lugar elegido para fundar el Monasterio fue Aylesford, una región de gran belleza natural. Una vez más, se enfrentaron a la resistencia a su forma de vida y sus creencias. Con esto, la única opción que les quedaba para sobrevivir era la oración. Fue exactamente el camino que siguió el prior general de los carmelitas conocido como San Simón Stock.

Cuenta la tradición que en una noche de intensa oración recurrió a la protección de la Virgen Madre contra las tribulaciones. Una de estas súplicas fue este famoso canto:

"Esplendor del cielo. Incomparable Virgen Madre.

Dulce Madre, pero siempre Virgo,

Sé propicio a los Carmelitas, oh estrella del mar ".

En el momento en que pronunció esta oración, la virgen apareció rodeada de ángeles. Extendió la mano y le entregó el escapulario diciendo:

"Recibe a mi amado hijo, este Escapulario de tu Orden, signo de mi amor, privilegio para ti y para todos los Carmelitas: quien muera con él no se perderá. Aquí hay una señal de mi pacto, salvación en peligro, pacto de paz y amor eterno.

"Gracias, querida madre. Prometo difundir este símbolo entre los hermanos carmelitas y, en consecuencia, en todo el mundo. De esta manera, su nombre será aún más glorificado entre los pecadores — dijo Simon Stock.

"¡Que tus palabras se hagan realidad! ¡Quédate en paz! "La Virgen Madre lo deseaba.

Dicho esto, se levantó junto con los ángeles al cielo bendito. Desde la aparición del santo, los carmelitas ya no fueron perseguidos con todos los cristianos que buscaban difundir el uso del escapulario. Este fue otro prodigio más de la madre de Jesús.

Nuestra Señora del Monte Bérico

Vicenza-Italia-1426

En el período 1404-1428, la ciudad de Vicenza sufrió una de las mayores crisis de salud de todos los tiempos. Muchos que intentaron escapar de la plaga dejaron atrás toda una herencia e historia cultural. Fue en este ambiente de incertidumbre que la mano de dios actuó con firmeza.

En ese momento, una señora llamada Vincenza Pasini vivía en la ciudad. Todos los días subía al monte Bérico llevándose la comida de su marido, cuyo trabajo era cuidar un viñedo. En una de estas ocasiones, cuando llegó a la cima del cerro, una mujer apareció resplandeciente frente a ella vestida con un traje de gala como si fuera una reina. Asustado, el devoto cristiano cayó al suelo ante tanto esplendor. La bella dama se acercó, abrió una sonrisa y la calmó y la ayudó a levantarse.

"Soy la Virgen María, la Madre de Cristo que murió en la cruz por la salvación de los hombres. Te pido que vayas a la gente de Vicenza en mi nombre a construir una iglesia en mi honor en este lugar, si quieres recuperar tu salud; de lo contrario, la plaga no cesará.

El sirviente estaba estático y feliz ante la promesa. Durante mucho tiempo, la población clamó a Dios por misericordia, y finalmente, ella había salido a través de su madre. Sin embargo, todavía tenía dudas sobre cómo proceder.

"Pero la gente no me cree. ¿Y dónde, oh Madre gloriosa, podemos encontrar dinero para hacer estas cosas?

"Insistirás en que este pueblo haga mi voluntad, de lo contrario nunca se librarán de la plaga; y mientras no obedezca, verá a mi hijo enojado contra él. Para probar lo que digo, que caven aquí, y de la roca maciza y estéril saldrá agua; y una vez que comience la construcción, no habrá escasez de dinero.

"¿Qué debemos esperar con la construcción del santuario?

"Todos aquellos que visiten esta iglesia con devoción en mis fiestas y cada primer domingo del mes tendrán como regalo la abundancia de las gracias y misericordia de Dios y la bendición de mi propia mano materna.

"Estoy feliz con su apoyo. Haré lo que me pidas.

"Bien, lo siento. ¡Tengo que irme ahora! ¡Estar en paz!

"¡Que así sea!

La madre virgen suspiró y poco a poco se fue elevando sobre la montaña. En unos momentos, desapareció por completo. Sola, la psíquica fue a ocuparse de las obligaciones de su día. Tan pronto como puedas, difundes el mensaje de Nuestra Señora, sin embargo, tus compatriotas no han defendido la solicitud. Estaban más preocupados por ellos mismos que pensando en la relación con Dios. Por lo tanto, continuó la crisis de salud.

Dos años después, la madre de Dios reapareció en las mismas circunstancias repitiendo el mismo mensaje. Cumpliendo con las recomendaciones, la sierva de Dios pasó el comunicado y esta vez fue escuchada. Poco después del inicio de la construcción, hubo una mejora parcial en el estado de salud de la ciudad y con la finalización de la obra hubo una mejora completa. Esto demuestra la providencia divina para sus hijos. Que se agradezca cada vez más el nombre de María por este gran prodigio en Italia.

Nuestra Señora de Caravaggio

Italia-1432

Caravaggio es un municipio italiano situado en la frontera entre los estados de Milán y Venecia. Esta época estuvo marcada por luchas políticas y religiosas, disturbios, persecución de herejes y grandes crímenes. Además, experimentó el tumulto de la guerra entre dos estados: la República de Venecia y el Ducado de Milán.

En este contexto catastrófico, tuvo lugar la aparición de la virgen Madre de Dios. Fue en un prado llamado Mezzolengo a una campesina sufriente llamada Joaneta Varoli. Estaba en un momento de oración cuando vio a una mujer acercándose a la aparición de una reina. Al acercarse mucho, dijo:

"Soy la madre de toda la humanidad. He logrado ocultar al pueblo cristiano los merecidos castigos de la justicia divina, y vengo a proclamar la paz.

"¿Qué debemos hacer para mantenernos bajo su gracia? Le preguntaste a Joaneta.

"Vuelve a la penitencia, ayuna los viernes, reza en la Iglesia el sábado por la tarde en agradecimiento por la liberación de los castigos, y construye una capilla en honor a mi nombre en este lugar —preguntó la Inmaculada.

"¿Qué señal le das a tu pueblo para que crea en sus palabras? "Le preguntó al sirviente.

"¡Éste! "Dice Nuestra Señora.

En el mismo momento, una fuente de agua clara brota de los pies de la Virgen.

"Quien beba de esta agua obtendrá la paz y la curación de sus enfermedades", Prometeo, la madre divina.

"Nuestra Señora, quisiera preguntarte una cosa: Con tu Intercesión ante Nuestro buen Dios, ¿no podrías terminar esta guerra en nuestro país y rescatar la buena convivencia en la Iglesia? -Él asintió esperanzado al devoto.

"Todos los días rezo por ello, hija mía. Para esta tarea, necesito su cooperación. Quiero que vayas contra los gobernantes en mi nombre que buscan sellar el acuerdo de paz. Con fe en nuestro Dios, lo lograremos. ¿Puedo contar contigo? Le preguntó a la milagrosa María.

"Ciertamente, mi madre. Cumpliré con gusto esta tarea —aseguró el humilde pequeño.

"Estoy contento. Ahora tengo que ir a cumplir con mis obligaciones en el cielo. ¡Quédate en paz! María lo deseaba.

"¡Que así sea!

Joaneta se trasladó del campo a su casa pensando en todo lo dicho por Nuestra Señora. No pasó mucho tiempo antes de que pusiera en práctica el plan de la Reina visitando los lados disidentes de la guerra y los opuestos de la Iglesia. Como signo de la aparición de la Virgen, presentó el agua sagrada. Con esto, se han reportado muchos milagros. Con el tiempo, logró restaurar la paz en Italia y en la Iglesia.

Nuestra Señora del Paraíso

Paradise Valley-Portugal-1480

Un día, un pastor que guiaba regularmente a sus rebaños en la región encontró una pequeña imagen de María cerca del tronco. La imagen reflejaba una luz clara y sagrada que lo asustó un poco. Al intentar acercarse a la imagen, no pudo porque la luz era bastante intensa.

Luego fue a contarle al párroco de su ciudad lo sucedido. Junto a él, bajaron buscando la imagen. Esta vez, lograron llevar el objeto sagrado a la Iglesia local. Cuando esto ocurrió, todavía era parte de la tarde con el templo cerrado.

Por la noche, al abrir las puertas del edificio, encontraron el lugar dejado por la imagen vacía. Cuando fueron a buscar, encontraron la imagen en el mismo lugar que antes. Por segunda vez, llevaron la imagen al santuario. Sin embargo, esta estrategia no ayudó porque nuevamente la imagen desapareció. Intentaron tomar la imagen por tercera vez ocurriendo el mismo fenómeno. Fue en este momento que se dieron cuenta de que la ubicación de la imagen estaba cerca del tronco.

Construyeron una ermita en honor al santo en el lugar. Desde entonces, ha habido informes de muchos milagros a través de la intercesión de María. Nuestra Señora del Paraíso se hizo conocida en Portugal y en todo el mundo.

Nuestra Señora de Guadalupe

México-1531

El descubrimiento de las Américas condujo a una carrera financiera y una carrera religiosa destinada a convertir a los indígenas. Juan Diego era uno de los últimos que tenía una devoción especial a Nuestra Señora. Una de las veces que caminó por el cerro del Tepayac, conoció a una bella mujer rodeada de una luz muy intensa. Ella inició el contacto:

"Juanito, el más pequeño de mis hijos, aprende que soy María, siempre Virgen, madre del Dios verdadero que da vida y mantiene la existencia. Él creó todas las cosas. Está en todas partes. Además, es el Señor del Cielo y la Tierra. Deseo que se me construya un templo en este lugar, donde tu gente pueda experimentar mi compasión, ayuda y protección. Todos los que pidan sinceramente mi ayuda en sus tribulaciones y dolores conocerán mi Corazón Materno en este lugar. Aquí veré tus lágrimas; Los consolaré y encontrarán la paz. Entonces, ahora corre a Tenochtitlán y cuéntale al obispo todo lo que has visto y escuchado aquí.

"¡Haré lo que me pidas! "Prometeo Juan.

"Estoy feliz con tus palabras. Con mi bendición, me despido por ahora — Habló nuestra madre.

De inmediato, el joven indígena acudió a atender el cumplimiento del pedido. En este momento, todavía temía cómo transmitiría este importante mensaje y si sería digno de él. Solo había la certeza de que haría todo lo posible en la misión. Al llegar al palacio por la mañana, programó una entrevista con el obispo local.

La mañana había terminado y recién a última hora de la tarde fue recibida por la autoridad. Los dos se conocieron en la oficina privada del palacio, un sitio bien decorado con muchos colores, pinturas y esculturas religiosas. Ante un clima de desconfianza, el humilde servidor tomó la palabra:

"Señor Obispo, vengo a hablarle por Nuestra Señora. Quiere la construcción de un templo en el cerro de Tepayac.

"¿Por Nuestra Señora? ¿Cómo pasó esto? -Preguntó con curiosidad el obispo.

"Se me apareció ella misma en el cerro trasmitiéndome estas palabras", dijo el indio azteca.

El obispo hizo una mueca de risa. ¿Apariciones? ¿A un pagano? En su mentalidad, si una persona hubiera sido elegida en México para recibir esta visión, esa persona sería él y no cualquier indio. Por eso no dio crédito a sus palabras. Sin embargo, para no defraudar su fe, prometió:

"Consideraré la petición de Nuestra Señora. Si quieres, puedes visitarme en otro momento.

"Está bien", respondió Juan.

Al salir del palacio, el pequeño sirviente subió la colina donde se encontró de nuevo con la extraña dama. Él estaba decidido.

Por favor, María, elige a otra persona para esta misión. El obispo nunca escuchará a un indio pobre.

"Escucha, hijo mío, el más querido: reconoce en tu corazón que no son pocos mis siervos y mensajeros, a quienes puedo dar la carga de tomar mi pensamiento y mi palabra para que cumplan mi voluntad. Pero es absolutamente necesario que vayas y hables de ello tú mismo, y eso precisamente con tu mediación y ayuda se hará realidad mi deseo y mi voluntad.

"¿Cómo lo hago entonces?

"Ve a hablar con el obispo mañana y reitera la solicitud.

"Está bien. Prometo que lo hare.

El otro día, según lo acordado, llegó de nuevo al palacio. Como la primera vez, tuvo que esperar horas hasta que lo trataron en la misma habitación que antes.

¿Estás aquí de nuevo? ¿Qué quieres? Preguntó el obispo.

"Vengo a insistir en el pedido de Nuestra Señora. ¿Cuándo empezarás a cumplirlo? "Preguntó Juan.

"¿Cómo quieres que te crea? ¿Qué prueba tengo de que eres realmente su enviado? "El obispo respondió.

"¿No son ustedes los que hablan tanto de la fe? ¿Por qué no aplicar en este caso? "Presionaste Juan.

"Para nada. Son cosas totalmente diferentes. Vaya y no regrese hasta que tenga una prueba de lo que está diciendo. ¿Está bien? "Le dio al obispo un ultimátum.

"¿Hacer qué? No tengo más remedio que aceptar la condición, reflexionó el indio.

"Bueno, no lo voy a hacer. ¡Buena suerte! "El obispo concluyó.

Juan salió del palacio volviendo a su residencia. Allí, encontró a su tío bastante enfermo. Durante dos días, hizo todo lo posible para mejorar a su tío. Sin embargo, nada tuvo efecto y solo había empeorado. Con los enfermos engañados, el primero fue a buscar un sacerdote que le diera la extrema unción.

Agitado, tendría que atravesar el cerro del Tepayac. Pero como estaba demasiado ocupado, evitó el lugar donde encontró a la santa virgen para no ser interrumpido por ella. Así fue como se hizo. Aun así, esperabas cambiar tu ruta. De esta forma se produjo el inevitable encuentro.

"¿A dónde vas, Juan, con tanta prisa? "Preguntó la hermosa mujer.

"Voy a buscar un cura. Quiero que mi tío reciba la unción extrema porque está muy enfermo — dijo el indígena.

"Oye y guarda en tu corazón, hijo mío, el más querido: nada es lo que te asusta y te mata; no molestes, no tenemos esta enfermedad, ni ningún otro sufrimiento o algo angustioso. ¿No soy tu madre? ¿No estás bajo mi sombra y protección? ¿No soy yo tu fuente de vida? ¿No estás en el pliegue de mi túnica, justo donde cruzo mis brazos? No dejes que nada te angustie ni te cause amargura. Que la enfermedad de tu tío no te aflija. No morirá de esta enfermedad. Cree en tu corazón que ya está curado — aseguró nuestra madre.

"¡Yo creo! En cuanto a lo que me pediste, madre mía, el obispo te exige pruebas. ¿Que se supone que haga? "Preguntó Juan.

"Sube, hijo mío, el queridísimo, sube al cerro, y allí donde me has visto y donde he dado tres órdenes, en ese mismo lugar verás varias flores floreciendo; Córtelos, júntelos, júntelos en su túnica, y venga aquí, tráemelos —preguntó María.

"Inmediatamente, mi madre.

Dicho esto, Juan subió a la colina donde recogió las flores. Descendiendo con María, le mostró las flores, y ella las reordenó en su túnica, diciendo:

"Hijo mío, queridísimo, estas flores son la prueba, la señal que llevarás al obispo. Le dirás que vea lo que quiero en ellos y haga mi voluntad. Eres mi embajador, confío en ti. Te ordeno enérgicamente que abras tu manta solo en presencia del obispo y averigües lo que llevas. Le contarás todo, le contarás cómo te dije que subieras a la cima del cerro y todo lo que has visto y admirado. Con esto cambiarás el corazón del Obispo, para que haga lo que esté en su mano para levantar el templo que le pedí.

"¡Así que sé mi madre! En mí encuentra un servidor fiel y dedicado. Ahora cumpliré tu voluntad", dijo Juan.

"Estoy feliz ante tu dedicación. ¡Mi gracia permanecerá siempre contigo!

"¡Que así sea, madre mía!

"¡Adiós, hijo mío!
"¡Incluso!

Los dos se separaron del indio para cumplir con su obligación. De nuevo fue a una reunión con el obispo local.

"Vengo a instancias de Nuestra Señora. La volví a encontrar y me pedí que subiera la colina. Escogí algunas flores que ella reorganizó en mi bata. Además, te traje para mostrárselo ante ti. Esa es exactamente la señal que pediste", confirmó Juan.

"¡Entonces muestrame! "Preguntó el obispo.

Abriendo el manto, resultó ser una hermosa imagen de Nuestra Señora. Inmediatamente, el obispo cayó al suelo de Rodillas. Fue un milagro que rompió la resistencia de su incredulidad de una vez por todas.

"Bendita sea tu Madre que te envió aquí. Por mi parte, prometo hacer todo lo posible para cumplir con su solicitud. Lamento haber sospechado tanto. "Dijo el obispo.

"¡Pídele perdón a la Virgen! Una forma de remediar tu falta de fe es construir el templo, recordó Juan.

"¡Eso espero! ¡Muchas gracias por tu insistencia! Alabó al sacerdote.

"¡Para nada! Juan dijo.

"¿Puedo hacer una solicitud? "Preguntó el obispo.

"¡Puedes hacerlo! Juan dijo.

"Llévame al lugar donde apareció nuestra madre. ¡También quiero respirar este aire de santidad! "El apóstol suplicó.

"Mañana. Hoy tengo obligaciones que hacer. "Le informó a Juan.

"Entiendo que. Entonces está programado para mañana — confirmó el obispo.

"Sí. Hasta. "Dijo el siervo de Nuestra Señora.

"Incluso. "El reverendo fue despedido.

Saliendo de allí, el indio se dirigió a su casa. Cuando llegó, encontró a su tío totalmente sano como le había hablado al santo. Estaba lleno de alegría.

Estás bien, tío. Bendita sea Nuestra Señora que te curó.

"Estoy bien. ¿Oh Dios? ¿Habría sido una dama ligera la que acaba de visitarme? Ella me contó cómo habló contigo y lo envió a Tenochtitlan. Fue nombrada "Virgen Santa María de Guadalupe".

"Es ella misma.

"Sean bendecidos. Ha transformado nuestras vidas para siempre.

"Cierto. Tu nombre será engrandecido en toda la tierra.

Los dos se abrazaron dando gloria a Dios. Ahora que todo estaba bien, el pedido de Nuestra Señora se cumpliría y la paz estaría en América. Con la difusión de esta noticia, muchos aztecas se convirtieron al cristianismo.

Nuestra Señora de Kazán

(Kazanskaya - Rusia) -1579

Era el año 1579. Kazán, en ese momento, ya era una ciudad predominantemente católica con varias iglesias y monasterios. Sin embargo, el grupo enfrentó la resistencia de paganos y musulmanes. Para ayudar a los cristianos, la fuerza de arriba se manifestó con poder y gloria en el evento que se describe a continuación.

A principios de junio de 1979, la ciudad sufrió un incendio muy destructivo que dejó la mitad de la ciudad en cenizas. Entre las casas destruidas estaba la de la pequeña matrona. Su residencia fue reconstruida y una de las primeras noches bajo su techo tuvo un sueño profético. En el sueño, la madre de Dios indicó el lugar donde estaba enterrado su ícono y le ordenó que contara el hecho a los arzobispos y magistrados.

La niña le contó a su madre sobre el caso. Sin embargo, ella no le prestó atención. Con la repetición del mismo sueño tres veces, se convenció. Llevaron la noticia al arzobispo y a los funcionarios municipales. Era su turno de no darle crédito.

Siguiendo su instinto, la madre de la matrona recogió la pala y comenzó a cavar en el lugar designado por la virgen. Con un buen esfuerzo, milagrosamente encontró el icono de Nuestra Señora. Se corrió la voz por toda la región con los incrédulos pidiendo perdón por la reina del cielo.

El icono fue luego trasladado en procesión a la catedral de la anunciación, ocurrieron numerosos milagros durante la peregrinación de los visitantes a la ciudad. A partir de entonces, llevaron el icono a Moscú. Desde allí, toda Rusia fue bendecida por la mano de la poderosa Virgen.

Nuestra Señora del Buen Suceso

Ecuador-1594

En 1563, nació la Madre María de Jesús Torres en la provincia de Vizcaya, España. Dulce y dulce niña, en cuanto se supo que la gente tenía una buena formación intelectual y religiosa. Su aplicación a los estudios le valió elogios de sus padres y maestros. A los trece años se le permitió salir del país junto con su tía para irse a vivir a Ecuador.

Comenzó la fase de apariciones donde se desarrolló su mediumnidad. A menudo vi santos, ángeles y demonios. Los más destacados se refieren a los de la santa Madre de Dios.

En la primera aparición, la Madre María yacía en el suelo lamentándose de su colonia. Por tanto, suplicó la ayuda de los más altos. Fue entonces cuando escuchó una voz que lo llamaba. Mientras dirigía la visión a su voz, entonces vio mucha claridad y dentro de ella reconoció a Nuestra Señora llevando a Jesús en su brazo izquierdo. La mujer tomó la iniciativa.

"Soy María del Buen Suceso, Reina del Cielo y de la Tierra. Sus oraciones, lágrimas y penitencias agradan mucho a nuestro Padre celestial. Quiero que fortalezcas tu corazón y que el sufrimiento no te deprima. Tu vida será larga para la gloria de Dios y de su Madre, que te habla. Mi Santísimo Hijo os presenta el dolor en todas sus formas. Y para infundirte el valor que necesitas, tómalo de mis brazos a los tuyos.

La santa entregó al niño Jesús en sus brazos. Allí comenzó una experiencia encantadora con el siervo alimentando el deseo íntimo de consolar a Cristo en su pasión.

"Glorioso sea el Señor y bendita la virgen que se portó con él. ¿Qué puedo hacer por ti? Le preguntó al sirviente.

"Te convertiré en portavoz de hechos futuros. De esta manera, estaré aún más complacido por la obra de nuestro Dios — Reveló nuestra madre.

"¡Estoy listo! "Maríana estuvo disponible.

"¡Estoy complacido! ¡Ahora me tengo que ir! Regresaré a su debido tiempo ", dijo la Virgen.

"¡Vete en paz, madre mía! "La doncella deseaba.

La bendita virgen volvió a sus hijos en brazos y envuelta en una luz incandescente se elevaba hasta los cielos a la vista. Allí comenzó la serie de apariciones Maríanas en Ecuador.

Fecha de aparición: 16/01/1599

Fue una noche fría y tormentosa cuando Nuestra Señora le habló a la Madre Maríana en la privacidad de su habitación. Se mostró de la misma manera que el otro viniendo en una intensa llama de Luz rodeada de ángeles.

"He venido a traerte noticias sobre el futuro como te prometí. Primero, esta patria dejará de ser colonia y será una República libre, conocida como Ecuador. Entonces necesitarás almas heroicas para sostenerte a través de tantas calamidades públicas y privadas.

"¿Eso es bueno o malo, señora? Le preguntó al sirviente.

"Tiene sus pros y sus contras. De hecho, ser una patria libre requiere un gran dominio de sus gobernantes. Afortunadamente, este país lo hará. En el siglo XIX aparecerá un presidente verdaderamente cristiano, un hombre de carácter, al que Dios nuestro Señor le dará la palma del martirio en la plaza donde está mi convento. Él consagrará la república al divino corazón de mi santísimo hijo y esta consagración sostendrá la religión católica en años posteriores, lo que será un ardor para la Iglesia.

"Entiendo lo feliz que debes ser. ¿Pero no quería gloria para ti también? Preguntó Maríana.

"Mi gloria llegará pronto. Los dogmas de mi Inmaculada Concepción y Asunción serán proclamados por la Iglesia. Con esto, mi nombre brillará cada vez más aunque nuestra búsqueda es agradecer primero al Nombre del Señor, hija mía. Como dijo mi hijo, quien quiere ser genial, es el servidor de todos. La humildad es una gran virtud que debe cultivar la gente.

"Lo entiendo, mi madre. Prometo para mí el seguimiento de esta virtud junto con las enseñanzas de nuestro Cristo.

"¡Está bien! Tengo una petición que hacer: es voluntad de mi Santísimo Hijo que usted mismo haga ejecutar una estatua mía, como me ve, y la coloque en la silla del Prior. Colocarás en mi mano derecha el rosario y las llaves del claustro, como signo de mi propiedad y autoridad. Pondrás en mi mano izquierda a mi Divino Hijo. Gobernaré este convento mío: asaltaron a la Inmaculada.

"Me siento honrado por esta misión en particular. Esto se hará realidad en el tiempo de Dios —observó la pequeña Maríana.

"Tengo plena confianza en eso", dijo nuestra madre.

"Bendito sea el Señor por concederme este privilegio de saber todas estas cosas", dijo Maríana.

"¡Estar en paz! Volveré en otro momento y hablaré más —concluyó la Dama de los espíritus.

Dicho esto, la santa Madre de Dios se retiró junto con sus ángeles dejando al devoto pensativo. ¿Qué más preparó Dios para el mundo?

Años despues

La Madre Maríana se centró en la obra del Señor en los años siguientes. Sin embargo, la promesa hecha ante Nuestra Señora aún no se había cumplido. Por esta omisión sufrió un intenso martirio espiritual. La divina providencia la destinó a contratar al escultor Francisco Del Castilho.

Durante casi el año luchó por elaborar la obra tomada como una gracia por ser católico y presidir una familia cristiana. El 9 de enero consideró el trabajo casi terminado. Solo faltaba una última mano de pintura. Dejó la imagen al cuidado de las monjas del convento.

En las primeras horas de ese mismo día, actuó lo sobrenatural. Al escuchar voces y ver luces en el coro, las monjas se acercaron y quedaron asombradas por lo que vieron: una imagen artísticamente elaborada tomando forma. En éxtasis, a la Madre Maríana se le permitió saber que los autores de la finalización de esta obra fueron San Francisco, además de los Arcángeles Gabriel, Miguel y Rafael.

El otro día, el escultor de la obra quedó impresionado con el resultado. Firmando un documento, afirmó ser la imagen de un milagro y no de su habilidad. Con esto, la noticia de la escultura sobrenatural se difundió por todo el país.

Apareciendo el 02/02/1634

Después de cenar en el convento, las monjas estaban charlando en la sacristía cuando un ligero apagón las obligó a retirarse temprano. La Madre Maríana, en la quietud de su habitación, recibió la visita inesperada de nuestra Santa Madre de la misma manera que se presentó las otras veces.

"Yo soy Nuestra Señora. Tenga este apagón como símbolo de la Iglesia en el siglo XX. La Iglesia de mi hijo será eclipsada del siglo XX. Habrá una catástrofe espiritual en el convento y en extensión en toda la Iglesia; La impureza se apoderará del mundo, con predominio de la banalización de la sexualidad; la inocencia de los niños se corromperá y el clero entrará en crisis y, finalmente, vendrá el laxismo con el bien pasado por alto. En este contexto, los buenos valores se verán profundamente socavados.

Las lágrimas caen del rostro de Nuestra Señora ante el mal de la humanidad. Maríana llora juntas tratando de encontrar un consuelo ante estas profecías.

"¿Puedo averiguar más sobre esto, mi madre? "Le preguntó al bendito sirviente.

"Habrá una corrupción casi total de las costumbres, y Satanás reinará a través de las sectas masónicas. Dentro de la Iglesia, los sacramentos serán profanados, abusados y enfrentados. Me entristece mucho la falta de fe de las almas de la época, el declive de las almas religiosas y la falta de atención a los asuntos espirituales —explicó la madre de Jesús.

"No entiendo una cosa, mi madre. ¿Qué quiere decir con la profanación de los sacramentos dentro de la propia Iglesia? "Le preguntó al vidente preocupado.

"Hay una predicción de apostasía. Dentro de la Iglesia Católica, el mal comportamiento de los sacerdotes de alto nivel comprometerá el espíritu de la religión. Vendrán tiempos difíciles en los que precisamente quienes deberían defender los derechos de la Iglesia se quedarán ciegos. Sin miedo servil ni respeto humano, se unirán a los enemigos de la Iglesia para ayudarlos a realizar sus proyectos", dijo el Iluminado.

"Estoy apenado. ¿Qué esperanza tenemos entonces? "Maríana lloró.

"La esperanza está en nuestro Dios que nos promete lo siguiente:" Pero cuando aparezcan triunfantes y cuando la autoridad abusa de su poder, cometiendo injusticias y opresión a los débiles, su caída estará cerca. Paralizados, caerán al suelo —anunció la virgen.

"¡Gloria al Señor por los siglos de los siglos! "Dije el bendito satisfecho.

La Dama del Buen Suceso esbozó una leve sonrisa de satisfacción. Luego entregó en sus brazos al niño Jesús para que lo llevara en su regazo por unos momentos. El niño Jesús le reveló en particular lo siguiente:

"El dogma de fe de la Inmaculada Concepción de Mi Madre será proclamado cuando la Iglesia esté más combatida y mi Vicario esté cautivo. Asimismo, el Dogma de fe del Tránsito y Asunción en cuerpo y alma será proclamado a los Cielos de mi Santísima Madre.

"Bien bien. ¡Bendita sea tu madre! "Se regocijó en el siervo.

Cuando Jesús devolvió a su madre, los dos desaparecieron en una columna de humo. Momentos después, la psíquica se durmió porque estaba demasiado cansada.

Última aparición el 08/12/1634

En otra noche oscura, la Beata Maríana recibe la visita de la Santísima Virgen con el mismo aspecto que las otras veces. Tan pronto como llega, anuncia:

"Mi culto bajo la consoladora invocación del Buen Suceso será el sostén y salvaguarda de la Fe en la corrupción casi total del siglo XX.

"Gran madre. ¿Qué sería de nosotros sin tu santa protección? ¿En qué términos pesa más la corrupción de esa época? "Preguntó el medio.

"La descomposición llegará al clero en su totalidad a lo largo del siglo XX. Los sacerdotes deben amar a Juan María Vianney con toda su alma, un siervo mío a quien la bondad divina le prepara para agraciar esos siglos como modelo ejemplar de sacerdote desinteresado, reveló María.

"Al menos lo tenemos como consuelo. Estoy aterrorizado por esta crisis. ¿Quién será su agente causal? "La hermana estaba preocupada en Cristo.

"Las herejías y la secta. Esta institución se extenderá para influir en todos los sectores de la sociedad. Llegará un punto en el que se infiltrará en todas partes ", dijo María.

"¿Cuál será la consecuencia de esto en los resultados relacionados con la iglesia? "Continuó vidente.

"Satanás casi reinará a través de las pasiones extravagantes y la corrupción de las costumbres. Centrará sus esfuerzos en la infancia para mantener su reinado. ¡Oh, los chicos de esa época! Difícilmente recibirán el sacramento del bautismo y la confirmación — dijo con lágrimas inmaculadas.

El santo siervo también lloró. ¿Cómo podría permitirse tal cosa? Fue realmente lamentable este futuro de la humanidad. Al verla en duda, María continuó:

"La secta se apoderará de todas las clases sociales infiltrándose en la vida particular de cada una. Con esto, se perderá la infancia de los niños. Las consecuencias de esto son que tendremos pocas personas enfocadas en el sacerdocio.

"¿Influirá esto de alguna manera en su sexualidad? Quería conocer a Maríana.

"Completamente, mi ángel. El ambiente saturado del espíritu de impureza que, a la manera de un mar inmundo, correrá por las calles, plazas y vías públicas... Difícilmente habrá almas vírgenes en el mundo. La delicada flor de la virginidad, tímida y amenazada de destrucción total, se encenderá desde lejos — Lamentó la madre de Cristo.

"¿Se verá afectado también el sacramento del matrimonio? "Preguntó la criada.

"En cuanto al Sacramento del Matrimonio, que simboliza la unión de Cristo con la Iglesia, será atacado y profanado en toda la extensión de la palabra. Se impondrán leyes inicuas para extinguir este Sacramento, facilitando que todos vivan mal, extendiendo la generación de niños por nacer sin la bendición de la Iglesia. El espíritu cristiano decaerá rápidamente ", dijo María.

En este punto, la médium estaba bastante entristecida por todas las revelaciones grandilocuentes. Ella estaría petrificada. María siguió hablando del futuro.

"Aún con los sacramentos, dos de ellos también se verán afectados por completo. En ese momento el Sacramento de la Unción Extrema, ya que el espíritu cristiano faltará en esta pobre patria, será poco considerado. Mucha gente morirá sin recibirlo por descuido de las familias. Lo mismo ocurrirá con la Sagrada Comunión. ¡Pero hay! Cuánto siento al expresarles que habrá muchos sacrilegios públicos enormes y también ocultos de la profanación de la Sagrada Eucaristía. Mi Santísimo Hijo será arrojado al suelo y pisoteado por pies inmundos, transmitido la madre de todos nosotros.

"Volvamos a la cuestión del Clero. ¿Por qué decepcionarán tanto a Cristo? "Preguntó el bendito.

"Casos de pedofilia, violación y corrupción financiera. A causa de los pecados, sepan también que la Justicia Divina a menudo descarga terribles castigos sobre naciones enteras, no tanto por los pecados del pueblo como por los pecados de los sacerdotes y religiosos porque estos últimos están llamados, por la perfección de su estado, a ser los sal de la tierra, los maestros de la verdad y los pararrayos de la ira divina — dijo la madre de la humanidad.

"¿Cuál es entonces nuestra esperanza en este contexto? Maríana estaba interesada.

"Habrá algunas almas que guarden el tesoro de la fe y la virtud. Sufrirán un martirio cruel y prolongado. Muchos de ellos descenderán a la tumba por la violencia del sufrimiento y serán contados como mártires que se sacrificaron por la Iglesia y por la Patria — anunciaron los iluminados.

"¿Cómo podemos deshacernos de las herejías y qué virtudes tendrán que adorar estas almas para mantener la gracia del Señor? Bendito estaba interesado.

"Para la liberación de la esclavitud de estas herejías, aquellos a quienes el amor misericordioso de mi Santísimo Hijo dedicará a esta restauración requerirán gran fuerza de voluntad, constancia, valor y mucha confianza en Dios. Para probar esta fe y confianza de los justos, habrá momentos en que todo parecerá perdido y paralizado. Entonces será el feliz principio de la restauración completa. "María reveló.

"Bien, mi madre. ¿Cómo será la Iglesia después de todos estos hechos? "Le preguntó a nuestra hermana en Cristo.

"Y la Iglesia, desde muy jovencita, se levantará gozosa y triunfalmente, y se dormirá suavemente, abarrotada en las manos del diestro corazón maternal de mi amado hijo elegido de aquellos tiempos. Lo haremos grande en la Tierra y mucho más grande en el Cielo, donde les hemos reservado un asiento muy precioso. Porque sin miedo a los hombres, luchó por la verdad y defendió los derechos de su Iglesia, para que lo llamaran mártir —concluyó el beato.

"¡Que así sea! "Maríana se regocijó.

"He aquí, me despido de mi sagrado hijo tuyo. ¡Cuida mis ovejas! "Dijo la Señora de los espíritus.

"¡Ve en paz! Que seas recompensado en gloria por todo lo que haces por la humanidad: el noble sirviente deseaba.

"Mi placer es ayudar a todos mis niños con atención. Que tengas un bendito descanso de la vida en la tierra. A partir de entonces, vine a buscarte yo mismo: Prometeo el santo.

"Espero no fallar en mi misión", preguntó la pequeña hija de Dios.

"Ten fe en mi cuidado y no te faltará nada", dijo María.

Finalmente, se elevó al cielo en compañía de su amado hijo. Esa fue la última vez que apareció el psíquico. La Madre Maríana seguiría adelante con sus días terminando gloriosamente como un ejemplo para todos los cristianos ecuatorianos.

Nuestra señora de la buena salud
Vailankanni -India-1600

Primera impresión

Eran alrededor de las seis de la mañana cuando un niño hindú se dirigía a la casa del jefe después de sacar un balde lleno de sus vacas lecheras. A mitad de camino, se encontró con un reformador que llevaba a su hijo recién nacido en brazos. Con un traje dulce y elegante, la mujer preguntó:

"¿Puedo tomar un poco de leche? Mi hijo tiene hambre.

"Por supuesto, señora", asintió el niño.

Al llenar el recipiente de la mujer, se sintió extrañamente reconfortado por este acto.

"¡Gracias, hijo mío! ¡Dios lo bendiga! "Agradeció a la mujer.

"¡Para nada! "Le aseguró al chico de buen corazón.

El niño siguió su camino y cuando se volvió, ya no pudo ver a su esposa ni a su hijo. Extraño, piensa para ti mismo. Cuando llegó a su destino, le contó a su jefe sobre el caso. Cuando fueron a revisar el balde de leche, dijeron que no faltaba nada. El jefe le exigió que lo llevara al lugar de aparición. El niño obedeció y, al hacer la petición, ambos vieron a la mujer caminando nuevamente por esos lugares. Con eso, podrían creerle al joven. A partir de entonces, la noticia de la aparición se extendió por toda la región.

Nuevos milagros

Pasaron varios años y nuevamente la Virgen se apareció a otro niño de la misma manera antes.

"¿Puedo darle un poco de leche a mi hijo? Preguntó María.

"Sí. Aquí está — dijo el niño llenando el bote con la consagrada.

"Por tu buena acción, Dios te bendecirá. Soy Nuestra Señora, Reina del cielo, quiero que se cure de su problema. También deseo la construcción de una capilla en honor a mi nombre en este lugar — preguntó Nuestra Madre.

"Haré lo que tenga en mi poder", el chico ha estado listo para sentirse extrañamente bien.

Con una sonrisa en su rostro, se elevó a sus ojos desapareciendo poco después en columnas de nubes. El niño contó todo lo que había visto y escuchado de las autoridades locales y con su ayuda, la capilla se construyó como lo había pedido la madre de Dios. A partir de entonces, este lugar se convirtió en el centro de peregrinaciones del país.

Milagros después de la aparición

Primer milagro:

Fue en el siglo XVII cuando por desgracia un barco portugués se hundió cerca de la costa del golfo. Sin salida y conociendo la milagrosa historia de la virgen, suplicaron por su salvación al santo. Sus oraciones fueron escuchadas y lograron sobrevivir al hundimiento.

Al llegar a tierra, contribuyeron a que la capilla se convirtiera en un imponente santuario. A lo largo de los años, se ha restaurado y ampliado para la mayor gloria de nuestra madre.

Segundo milagro:

Esta región ha sido blanco de un devastador tsunami. Milagrosamente, el santuario permaneció intacto mientras que los edificios vecinos quedaron completamente devastados. Esto prueba que las obras de María son eternas.

Nuestra Señora de la Buena Salud es la principal protectora de la India.

Nuestra Señora de Siluva

(Lituania-1608-1612)
Siluva-AD 1457

Pertas Gedgauskas era un noble devoto de María de esta región. Como forma de acción de gracias personal, hizo construir una iglesia de madera en honor a la madre de Dios. Esta construcción duró cuarenta años siendo destruida por un incendio. Por la fe del pueblo lituano, el templo fue reconstruido esta vez en mampostería. En este lugar sagrado destacó una imagen de Nuestra Señora con el Niño Jesús realizada en Roma. Se han reportado numerosos milagros a esta imagen. Pronto, la peregrinación de católicos fue intensa de todas las regiones del país.

Unos años más tarde, a principios del siglo XVI, los seguidores de la reforma protestante se fueron asentando en la región y apropiándose de tierras hasta entonces pertenecientes a la Iglesia Católica. Mucha gente se convirtió al nuevo culto. Con la destrucción de la Iglesia Maríana en 1536, los fieles restantes de María perdieron la fe para verla reconstruida nuevamente.

Perdiendo espacio poco a poco, el último sacerdote tuvo que irse de la región. Como último acto, recogió en un cofre los objetos salvados en el fuego y los enterró cerca del sitio de lo que era la Iglesia. En este momento, todo parecía perdido. Pero la santa era fuerte y poderosa, lo que la llevó a actuar por su causa.

Siluva- 1608 d.C.

En estas mismas tierras donde se encontraba la Iglesia de María, los jóvenes pastoreaban sus rebaños cuando vieron a una hermosa joven sentada en una piedra con un niño en su regazo. Estéticamente ordenado, lo que había en la escena era el grito de esta bella mujer. Estático, los niños no le preguntaron nada. Al regresar a casa, les contaron a sus padres lo sucedido. A partir de entonces, la noticia se difundió por toda la ciudad.

Una gran multitud acudió al lugar llena de curiosidad. Entre ellos se encontraba un pastor calvinista. Severamente, criticó a otros por creer en los niños. Al mismo tiempo, volvió a aparecer la mujer como la describieron los otros videntes. Luego, el pastor aprovechó la oportunidad para comunicarse con ella.

"Señoras, ¿por qué lloran? "Preguntó.

"Lloro porque en este lugar donde mi hijo fue glorificado, ahora está plantado y se está cosechando", explicó la Virgen Madre.

Dicho eso, se ha ido. Cuando se enteró de la aparición, el obispo de la región emprendió un trabajo que gracias a un ex vecino se aclararon las dudas. Recuperaron el cofre enterrado donde estaba el documento de donación de tierras de la iglesia. En posesión del documento, el obispo entró a la justicia reclamando definitivamente la tierra en el año 1622. De esta manera, los protestantes fueron expulsados de la tierra siendo posible la reconstrucción de la Iglesia de María. Esta fue la primera aparición de los ilustrados en Europa recuperando el honor de su nombre. Nuestra Señora de Siluva es la protectora especial de Lituania.

Inmaculada Concepción

Ágreda-España
1655-1660

Situada en la provincia de Soria, Ágreda es un pueblo bucólico y majestuoso. Allí nació la honorable María de Jesús el 2 de abril de 1602. Hija de Doña Catalina de Arana y don Francisco Coronel, su familia era vista como noble y religiosa. Desde temprana edad, entró en contacto con los dictados cristianos y decidió voluntariamente abominar el pecado siguiendo a Cristo a toda costa. Además de esto, tenía predilección por Nuestra Señora.

Durante su infancia y gran parte de su juventud, disfrutó de la tranquilidad mental como resultado de sus obras, pensamientos y devoción a las fuerzas del bien. Sin embargo, nada es perfecto. Enfrentó, en su camino religioso, diversas pruebas y tantas dificultades que a veces se sintió confundido acerca de su fe en Dios.

Las consecuencias de este sufrimiento fueron el aislamiento personal y la indiferencia hacia los demás. En esos momentos, el soplo de sentido obra del ejemplo de la pasión de su maestro. Él como nadie sabía cómo superar las dificultades y en medio de todo ese contexto era el único salvavidas. En Cristo, se sintió fuerte y poderoso.

En este sentido, el papel de sus directores espirituales y de su familia se volvió fundamental en su formación cristiana. Con la buena dirección que le dieron, progresó cada vez más espiritualmente y, en consecuencia, se acercó a Dios. Llegados a este punto, nos preguntamos, ¿en qué se diferenciaba el servidor de tantos seguidores cristianos?

María de Jesús fue un ejemplo para todos los que la conocieron. Desde muy joven, todo lo que recibió económicamente de sus padres lo utilizó en caridad con los pobres. Además, participó periódicamente en retiros, leyó muchos libros religiosos y demostró una profunda dedicación a los temas religiosos explicados en las oraciones, el asesoramiento a los demás y la reserva de los placeres de la carne. De todos modos, fue un modelo para ser admirado y seguido por otros que anhelaban el reino eterno. No pasó mucho tiempo y su fama se extendió por toda la región.

Gracias a sus padres, fundaron un convento en su propia casa. A través del señor, toda la familia se ha consagrado al cristianismo, lo que hoy en día rara vez ocurre. Entre ellos, a María de Jesús se le había confiado una misión especial ante toda la comunidad y de Dios.

Con el don de la bilocación, podría estar en dos ubicaciones al mismo tiempo. Esto facilitó su predicación a los paganos en continentes distantes. Otra virtud recibida fue la escritura. A través de él, puede escribir sus experiencias espirituales que han traído la luz del entendimiento a muchas almas. Acerca de estas manifestaciones, estaba cubierto de intensa gloria y secretos ocultos revelados a su persona. A diferencia de esto, sufrió intensamente en la carne debido a su mala salud. Una cosa parecía estar intrínsecamente ligada a otra para mayor gloria del señor y elevación de su alma bendita.

Luego viene la curiosidad: ¿Cómo fueron los hábitos de este honorable siervo para agradar tanto a Dios? Además de las innumerables penitencias realizadas, a menudo ayunaba, afligía el cuerpo con objetos mortificantes y constante devoción a la Virgen. Por tanto, era digna de ser considerada santa.

Volviendo a su don de la escritura, su obra más importante se titula "La Ciudad Mística de Dios" donde describe la historia de la madre de Jesús. En este trabajo, fue ayudada por ángeles y la misma Iluminada. Gracias al Redentor, fue elegida Madre Superiora de su convento donde realizó una espectacular labor misionera. Solo su presencia reavivó a los devotos fieles y su dulce expresión cautivó. Ella era como una madre para todos. En este cargo permaneció durante treinta y cinco años.

Estando España en guerra, hacia 1653, la mano mujer de Dios recibió la visita de Felipe IV. Tan emocionante fue este encuentro que los dos se mantuvieron en contacto a través de cartas durante veintidós años. Luego, su muerte llegó en plena comunión con Dios. María de Jesús es un ejemplo de santidad para toda España.

Las apariciones de Nuestra Señora de Laus

Saint Étienne-Francia- (1664-1718)

Laus Valley es un pequeño pueblo del sur de Francia. En ese momento, estaba formado por una veintena de familias cuya mayor fe se centraba en las figuras de Jesucristo y María. El mayor símbolo de esta fe fue la capilla de Nuestra Señora del Buen Encuentro en honor a la Virgen Inmaculada.

Nacida en el pueblo en septiembre de 1647, la señorita Benoite tuvo que acostumbrarse temprano a una vida llena de privaciones, hijo de una familia perteneciente a una clase social de extrema pobreza. La situación de la familia se agravó aún más debido a la muerte del padre cuando la niña solo tenía siete años.

Con esto, los niños se vieron obligados a empezar a trabajar desde muy pequeños. Alternativamente, las hijas ayudaron a su madre con las tareas domésticas y religiosas. En este último punto, los padres de la niña fueron ejemplares en la instrucción de los mandamientos y las leyes de Dios más allá de las propias oraciones.

Cuando sus hijos fueron despedidos del trabajo, la familia se hundió en una profunda miseria durante tres meses. A través de la insistente petición de oración de Benoite, Nuestra Señora envió emisarios a su casa. Propusieron trabajo a miembros de la familia en dos fincas. Agradeciendo al cielo, aceptaron la propuesta y luego cada uno de ellos comenzó a trabajar. El trabajo sería pastorear ovejas.

En uno de sus días de trabajo, mientras pastorea ovejas rezando el rosario, la visión de un hombre elegantemente vestido parece ser un obispo perteneciente a la Iglesia Primitiva. Se acercó a la chica tirando de la conversación:

"Hija mía, ¿qué haces por aquí?

"Estoy cuidando mis ovejas, rezo a Dios y busco agua para beber", respondió la niña.

"Voy a sacar agua para ti", el hombre estaba listo para ir a un pozo que simplemente había aparecido allí.

Al traer el agua, la mató a ella y a la semilla de los animales. A partir de entonces, se reanudó el contacto.

"Eres tan guapo. ¿Eres un ángel o Jesús? "Quería conocer a la joven.

"Soy Maurice, a quien está dedicada la capilla cercana. Hija mía, no vuelvas a este lugar. Es parte de un territorio diferente y los guardias se llevarían su rebaño si lo encuentran aquí. Ve al valle de arriba en Saint-Étienne. Allí verá a la madre de Dios, informada.

Pero su excelencia. Ella está en el cielo. ¿Cómo puedo verlo donde lo dices? "Le preguntó al sirviente.

"Sí. Está en el cielo, en la tierra y también donde la quiere — argumentó Maurice.

"Está bien. Seguiré tu consejo, pero no ahora. Descansaré un poco con mi rebaño antes de irme — dijo Benoite.

"Sabia decisión. Me tengo que ir ahora. ¡Dios lo bendiga! "Anunciaron los ancianos.

"¡Ve en paz! "La niña deseaba.

El extraño caminó unos pasos por el sendero y desapareció poco después. Con esto, cayó la noche obligando a la pastora a instalarse en el bosque. Toda la noche estuve pensando en la visión y todo lo que representaba. Si le contara a alguien sobre esos eventos, me considerarían loco. Pero no, era completamente normal. Debido a que estaba demasiado cansada, pronto se durmió y fue perseguida por sueños proféticos. Su mente era un desastre y así amaneció.

Al principio, cayó en el camino que conducía al rebaño al valle designado por el sacerdote. Ni siquiera el relieve accidentado, los animales feroces, las espinas y el mal tiempo la intimidaron. Al llegar cerca de una cueva, tuvo la visión de una hermosa Dama con un niño en sus manos. Sin siquiera desconfiar a pesar de la advertencia que tuvo, la niña se dirigió a esta mujer.

"Bella dama, ¿qué estás haciendo aquí?" ¿Estás aquí para comprar un yeso? ¿Sería tan amable de dejarnos llevar a este niño? Este chico nos encantaría a todos.

La extraña Dama todavía estaba allí, pero no respondió a la pregunta de la niña, lo que provocó una mayor admiración por parte de Benoite. El trabajo de pastoreo continuó durante toda la mañana. A la hora del almuerzo, la niña volvió a hablar con la mujer.

"¿Te gustaría comer conmigo? Aquí tengo unos bollos deliciosos.

Una sonrisa colgaba del rostro de la bella dama, pero permanecía en silencio ante el misterio que rodeaba su figura. Entrando y saliendo de la gruta, al caer la tarde terminó por no aparecer dejando la mano de Dios aún más pensativa con esta visión.

Después de un rato

El otro día y las siguientes semanas la niña permaneció en su labor pastoral. Al mismo tiempo, tuvo visiones de la extraña dama, su hijo y ángeles. Sin embargo, la dama permaneció en silencio, poniendo a prueba la paciencia y la curiosidad de la niña.

Exactamente dos meses después de la primera aparición, finalmente se comunicó:

"Benoite, estoy aquí porque te necesitamos", reveló la señora.

"¿Quién me necesita y de qué se trata exactamente? Benoite dijo.

"Las fuerzas del bien. Tu misión en la tierra es excepcional. Ella tendrá la tarea de trabajar en la conversión de los pobres pecadores a través de oraciones, sacrificios, penitencias, exhortándolos a seguir el camino del bien, dijo la Madre de Dios. "

"¿Soy realmente capaz de eso? Solo soy una chica intolerante y molesta. Analizó a la niña.

"Es verdad. Hay una gran alma dentro de esta envoltura de material. Por méritos, Dios nuestro Señor la eligió como la esperanza de este pueblo y en extensión de toda Francia. No rechaces esta gracia especial — Dirigió la Inmaculada.

"¿Quién soy yo para negarme? Hazte en mí conforme a tu palabra.

"¡Gracias a Dios! Me alegro por ti. Por ahora, les pido que guíen a las personas para siempre. En resumen, se incluyen treinta mandamientos esenciales para un buen cristiano. Presta atención a cada uno de ellos —preguntó la Virgen.

"¿Qué son? "Preguntó la chica.

1. Amar a Dios sobre todas las cosas, a sí mismo y a los demás.
2. Al no tener ídolos terrenales o celestiales, Yahweh es el único digno de adoración.
3. No pronuncies en vano el santo nombre de Dios ni lo tientes; Tampoco atormentamos a quienes ya los han invocado.
4. Reserve al menos un día de la semana para descansar, preferiblemente el sábado.
5. Honrar al padre, la madre y la familia.
6. No mates, no lastimes a otros física o verbalmente.
7. No manipule, no practique la pedofilia, zoofilia, incesto y otras perversiones sexuales.
8. No robes, no hagas trampas en el juego ni en la vida.
9. No des falso testimonio, calumnia, difamación, no mientas.
10. No codicies ni envidies los bienes ajenos. Trabaja para lograr tus propias metas.
11. Sea sencillo y humilde.
12. Practique el honor, la dignidad y la lealtad.
13. En las relaciones familiares, sociales y laborales, ser siempre responsable, eficiente, asiduo.
14. Evite los deportes violentos y la adicción al juego.
15. No consuma ningún tipo de droga.
16. No aprovechen su posición para derramar su frustración el uno sobre el otro. Respete al subordinado y al superior en sus relaciones.
17. No tengas prejuicios contra nadie, acepta lo diferente y sé más tolerante.
18. No juzgues y no serás juzgado.
19. No seas calumniador y dale más valor a una amistad porque si actúas así la gente se alejará de ti.

20. No desees la maldad ajena ni quieras tomar la justicia en tus manos. Existen los órganos adecuados para esto.
21. No busques al diablo para consultar el futuro o trabajar en contra de otros. Recuerda que todo tiene un precio.
22. Saber perdonar porque los que no perdonan a los demás no merecen el perdón de Dios.
23. Practica la caridad porque redime los pecados.
24. Ayude o consuele a los enfermos y desesperados.
25. Ore diariamente por usted, su familia y otros.
26. Permanezca con fe y esperanza en Yahweh sin importar la situación.
27. Divida su tiempo entre trabajo, ocio y familia proporcionalmente.
28. Trabaja para ser digno del éxito y la felicidad.
29. No quiero ser un Dios empujando sus límites.
30. Practica siempre la justicia y la misericordia.

"Si usted y los demás los siguen con compromiso, les prometo la salvación y la felicidad aún en la tierra. Bendito sin duda.

"Prometo su observación y su predicación. Tienes buena cooperación conmigo. ¿Cuál es tu nombre? Otra vez? "Le preguntó a Benoite.

"Puedes llamarme bienaventurada. Estén en paz porque ahora tengo compromisos que hacer ", explicó la mujer.

"¡Ve en paz! Deseó a la niña.

A los ojos del niño, la hermosa mujer se dirigió a la cueva con el niño en su regazo. Desapareció de inmediato. Ya era de noche y la bendita sierva aprovechó para descansar junto a su rebaño.

Oración de Loreto

El otro día, la virgen se acercó nuevamente al vidente con semblante tranquilo, dulce y resplandeciente. Al acercarse al dispositivo de mano, la saludó con los siguientes dichos:

"Salve, consagrada del Señor. ¿Has cumplido con tu tarea?

"Sí, mi madre. Durante mi tiempo, he estado cumpliendo mis obligaciones. Todo esto es demasiado pesado para mí. A veces me siento cansado de tener tantas responsabilidades a una edad temprana —se quejó Benoite.

"¿Te sientes cansado? Estoy aquí con los abrazos divinos para servirte. Ven y descansa en mi túnica — La Virgen se ha ofrecido.

"Gracias, mi madre", agradeció la criada.

Con su inocencia de niña, se acercó a pasar horas acostada sobre el manto del bendito juego con el niño Jesús. Esta experiencia va más allá del entendimiento humano. En ese momento, Benoite sintió que un pedazo de cielo aún estaba vivo.

Después de una breve siesta, se despertó junto a la extraña dama. Luego continuó la conversación.

"Te voy a enseñar un poco de orar. Me alegra que le reces todos los días.

"¡Estoy listo! El niño estaba disponible.

"Se llama La pequeña oración de Loreto. Debes orar así: Señor, ten piedad de nosotros.

Jesucristo, ten piedad de nosotros.

Señor, ten piedad de nosotros.

Jesucristo, nos escuché.

Jesucristo, cuídanos.

Padre celestial que es Dios, ten piedad de nosotros

Hijo, redentor del mundo, quien eres Dios - Ten piedad de nosotros

Espíritu Santo, que es Dios, ten piedad de nosotros.

Santísima Trinidad, que eres un solo Dios - Ten piedad de nosotros

Santa María - Ruega por nosotros

Santa Madre de Dios,

Santísima Virgen de las vírgenes
Madre de Jesucristo,
Madre de la divina gracia,
Pura madre
Madre muy casta,
Madre inmaculada
Madre intacta
Madre amable
Madre admirable,
Madre de buenos consejos,
Madre del Creador,
Madre del Salvador,
La madre de Carmelo y
Virgen muy sabia
Venerable Virgen,
Virgen digna de alabanza,
Virgen poderosa,
Virgen benigna,
Virgen fiel,
Virgen Flor del Carmelo,
Espejo de justicia
Esté seguro de la sabiduría,
Causa de nuestra alegría
Vaso espiritual,
Jarrón de honor,
Jarrón de insignias de devoción,
Rosa mística
Torre de David,
Torre de marfil,
Casa dorada
Arca de la Alianza,
Puerta del cielo
Estrella de la mañana,

Salud de los enfermos
Refugio de los pecadores,
Consolador de los afligidos,
Auxilio de los cristianos,
Patrona de las Carmelitas,
Reina de los ángeles
Reina de los Patriarcas,
Reina de los profetas,
Reina de los Apóstoles,
Reina de los mártires,
Reina de los confesores,
Reina de las vírgenes,
Reina de todos los santos,
Reina concebida sin pecado original,
Reina serena al cielo,
Reina del Santo Rosario,
Reina de la paz
Esperanza de todos los carmelitas,
V. Cordero de Dios, que quita los pecados del mundo
R. Perdónanos, Señor.
V. Cordero de Dios, que quita los pecados del mundo
R. Nos escuché, señor.
V. Cordero de Dios, que quita los pecados del mundo.
R. Ten piedad de nosotros.
V. Ruega por nosotros, Santa Madre de Dios
R. Para que seamos dignos de alcanzar las promesas de Cristo.

Ore: Señor Dios, te imploramos que concedas a tus siervos la salud perpetua del alma y del cuerpo; y que por la intercesión gloriosa de la Santísima Virgen María siempre, podamos ser libres de este dolor y disfrutar de la alegría eterna. Por el amor de Dios, nuestro Señor. Amén.

"Yo lo decoré. ¡Qué muchacho tan hermoso! "La niña fue admirada.

"¡Magnífico de verdad! Ojalá le enseñaras a los otros niños del pueblo. Quiero que lo repitas todos los días junto con otros cánticos de adoración a lo más alto. Necesitamos fieles comprometidos con nuestra causa. ¿Puedo contar contigo? "Preguntó la hermosa mujer.

"Sí. Siempre, señora, confirmó Benoite.

"¡Me alegro de que lo hicieras! ¡Quédate en paz! "Dijo la señora.

"Que así sea", dijo el campesino.

La extraña dama se alejó desapareciendo como las otras veces. El misterio circundante se mantuvo incluso después de tanto tiempo de convivencia. Sin embargo, instintivamente la confianza depositada por el pastor fue el fruto impecable de su fe en Dios. Por eso se dice que debemos convertirnos en niños para asegurar los cielos.

Una conversión importante

Hubo mucha incredulidad sobre el testimonio de la joven sobre las apariciones Maríanas. Una de estas personas era la amante de la niña, una mujer descuidada sin interés en la religión.

Un día, con la intención de investigar los hechos, anticipó que la criada iría al campo escondida detrás de una roca. Momentos después llegó la joven con la aparición inmediata de la Virgen madre.

"Buenos días señora. ¿Cómo estás?

"No muy bien. El pecado de algunas formas en mí demasiado. Un ejemplo es tu dama que se esconde detrás de la piedra. Dile que no blasfeme más el nombre de Jesús porque si continúa actuando así: Su conciencia está en un estado terrible; debe hacer penitencia — dijo la madre de Dios.

Ante estas palabras, el pecador lloró y apareció ante ellos. Con actitud firme, prometió:

"Prometo retractarme y tener más fe, señora. Lo siento por todo ", dijo la Sra. Rolland.

"Tu decides. En cuanto a ti, Benoite, continúa en tu labor apostólica. Mi inmaculado corazón siempre los estará protegiendo y bendiciendo. ¡Paz y bien! "Lo deseabas.

"¡Gracias Gracias! "Agradeció a la niña.

La aparición se elevó al cielo según ambos. Con esto, el dúo regresó a casa totalmente transformado. Este traje fue más un milagro de esa bendita mujer.

Soy nuestra señora

Cada vez más, las noticias de las apariciones ganaron proporción en Francia. La niña fue llamada al estrado ante el magistrado de su parroquia y luego de una rápida entrevista se concluyó la veracidad de su información. En ese momento, los demás no sabían exactamente de qué se trataba la aparición, por lo que se sugirió que le preguntara al respecto.

En el mismo lugar se presentó la bella dama.

"Buenos días, vengo a agradecerles por su trabajo con los niños y otros por los mandamientos del Señor. Hay que cosechar muchas frutas —observó la señora.

"Agradezco tu confianza. En su nombre te pregunto: ¿Eres la madre de nuestro buen Dios? Le agradecería mucho que me dijera que lo es, y aquí construiremos una capilla para honrarlo, dijo Benoite.

"No hay necesidad de construir nada aquí porque ya he elegido un lugar más agradable. Soy María, la madre de Jesús. No me verás aquí por un tiempo ", concluyó María.

Dicho esto, desapareció como humo. Una mezcla de tristeza y emoción corrió por las venas de nuestro querido sirviente. ¿Qué pasaría ahora? No podría pensar en tu vida sin la presencia de la querida madre.

Un mes después

El tan esperado reencuentro tuvo lugar en el lado de la Ribeira, en el camino que conduce a Laus. Cruzando el arroyo que los desfilaba, la dulce niña se arrojó a los pies de la Virgen.

"Oh, buena madre. ¿Por qué me privaste de la alegría de verte durante tanto tiempo?

"A partir de ahora, me verán sólo en la capilla de Laus", dijo nuestra santa Madre.

"No lo conozco. ¿Cómo sé cómo localizarla? "Le preguntó al niño.

"Subirás por el camino hacia la colina. Reconocerás el lugar cuando sientas una fragancia dulce ", explicó María.

"Está bien. Prometo que iré mañana. Ahora no puedo porque tengo que pastorear mis ovejas — argumentó Benoite.

"Lo sé, niña. No hay problema. Estaré esperando, se ha iluminado.

Agitando las manos a modo de despedida, nuestra madre desapareció entre las nubes. Llena de alegría, la psíquica fue a ocuparse de su trabajo. Sin embargo, su pensamiento no salió del mensaje recibido. ¡Qué bueno ser la sirvienta de María!

El otro día, temprano, comenzó a caminar por el sendero. Encontrando fuerza en su fe, cada paso que dio fue un premio en su búsqueda de la capilla sagrada donde se encontraría con su amado amigo. En ese momento, el sentimiento que llevaba en el pecho era de paz, felicidad y misión cumplida. María le había dado a su vida una dimensión completamente nueva y rica.

Al llegar a Laus, comenzó a caminar de un lado a otro en busca de una señal. Finalmente, el milagro sucedió ante una determinada construcción: un humilde edificio de dos metros cuadrados. Como la puerta estaba entreabierta, logró entrar. Se encontró con un ambiente sencillo dotado de un altar de yeso donde había dos candelabros de madera. En el altar estaba la querida madre con una inexplicable sonrisa.

"Hija mía, me has estado buscando diligentemente, pero no debes llorar. Aun así, me alegraste que no estuvieras impaciente —observó María.

"Gracias por el cumplido, señora. Mira, ¿quieres que ponga mi delantal debajo de tus pies? ¡Hay demasiado polvo! "Dijo la niña.

"No, hijo mío. Pronto no faltará nada en este lugar, ni vestiduras, ni altar de manteles, ni velas. Deseo que se construya una iglesia grande en este sitio, junto con un edificio para albergar a algunos sacerdotes residentes. La iglesia se construirá en honor a mi querido hijo y a mí. Aquí se convertirán muchos pecadores. Apareceré muchas veces en este lugar — anunció la madre de Dios.

"¿Construyendo una Iglesia? Aquí no hay dinero para eso. Encontraron al niño inocente.

"No te preocupes por eso. Cuando llegue el momento de construir, encontrará todo lo que necesita y no tardará mucho. Los pobres proporcionarán todo. No faltará nada — Profetizó madame.

"Creo firmemente en ti. ¿Debería continuar entonces? "Le preguntó a la humilde niña.

"Tengo dos peticiones para pedirte: primero, estar continuamente sobre los pecadores. En segundo lugar, deje de pastorear los rebaños. Quiero tu plena dedicación a la misión destinada a convertir a los pecadores — dijo la Virgen.

"¿Qué puedo decir? Estoy listo para eso. Hágase en mí según tus palabras —confirmó Benoite.

"Estoy inmensamente feliz. Siempre estaré en esta capilla. Continúen difundiendo mi devoción entre la gente —preguntó la madre de Jesús.

"Lo haré con todo amor. Gracias, mi madre ", dijo el niño.

—Por nada, hija ... La aparición correspondió.

Finalmente, despidiéndose, María se ausentó. Durante los años siguientes, la noticia de las apariciones se extendió por todo el país y trajo consigo a numerosos turistas religiosos a Laus. Los milagros y las bendiciones siguieron sucediendo aumentando la credibilidad de los hechos.

Ebrun era la diócesis de la que formaba parte Laus. Ante estos hechos, el vicario de la ciudad escribió al obispo diocesano explicándole los hechos y solicitando una indagación eclesiástica para esclarecerlos adecuadamente.

De alguna manera, no aceptó la solicitud porque personalmente no estaba convencido de su veracidad. Sin embargo, por su obligación, viajó a Laus con otros emisarios para interrogar al famoso vidente.

El día y la hora combinados, se reunieron con el pretendiente. En un extracto de la conversación, podemos ver esta medida.

"No creas que vine aquí para autorizar tus sueños e ilusiones, y todas las cosas extrañas que están diciendo sobre ti y este lugar. Es mi convicción y todos los que tenemos sentido común que tus sueños son falsos. Entonces, voy a cerrar esta capilla y prohibir la devoción. En cuanto a usted, todo lo que tiene que hacer es irse a casa ", dijo el obispo con severidad.

"Su Eminencia, aunque tiene el poder de hacer que Dios venga al altar cada mañana por el poder divino que recibió cuando se convirtió en sacerdote, no tiene la orden de darle a su santa Madre, y lo que le gusta hacer con ella aquí. ", Dijo categóricamente.

"Bueno, si lo que la gente dice es verdad, entonces reza para que ella me muestre la verdad a través de una señal o un milagro, y luego haré todo lo que pueda para cumplir su voluntad. Pero una vez más, tenga cuidado de que todas estas cosas no sean ilusiones y efectos de su imaginación para engañar a la gente. No permitiré el abuso y la lucha con todos los medios a mi alcance — El obispo ha sentenciado.

"Está bien. Oraré —confirmó el vidente.

"Estás despedido por ahora", concluyó.

"¡Muchas gracias! "Agradeció a la niña.

Después de la niña, también se interrogó al párroco local y a los testigos. Al estar solos, el obispo y sus consejeros planearon irse ese mismo día. Mientras que una lluvia tormentosa lo obligó a quedarse otros dos días.

En el último día de la novena, finalmente puede ver el milagro que había exigido. Una mujer llamada Catalina Vial conocida en la región por tener una discapacidad física había sido sanada instantáneamente de la devoción a Nuestra Señora de Laus.

Con esto, el proceso eclesiástico se completó con éxito. Según lo solicitado por María, se construyó una hermosa iglesia en el sitio para reemplazar la capilla. Este fue un trabajo maravilloso de nuestra madre. A través de Laus, toda Francia estaría protegida y protegida. ¡Bendita sea la madre de Jesús!

Fin

www.ingramcontent.com/pod-product-compliance
Lightning Source LLC
LaVergne TN
LVHW020441080526
838202LV00055B/5298